AF599527

Le prématuré

Patrick Milioti

Le prématuré

LE LYS BLEU
ÉDITIONS

ISBN : 979-10-422-1279-7

À la mémoire de ma grand-mère Denise,
Qui nous a quittés en 2021

Le 12 septembre 1962,

C’est le jour de ma naissance.

Toute l’histoire contenue dans ce livre est authentique.

Les photographies, les personnes,

C’est mon histoire.

L'Hauture

Fos-sur-Mer, un charmant village provençal de 1500 habitants en 1962, niché à 50 kilomètres de Marseille, le long des côtes méditerranéennes, marquant le début de la Camargue. À cette époque, les taureaux et les chevaux étaient presque voisins de Fos, à Port-de-Bouc.

Ancienne maternité de Port-de-Bouc.

Voici mon histoire…

Je suis né à Port-de-Bouc, en Provence, le 12 septembre 1962, vers 16 heures, avec trois mois d'avance, ce qui a suscité des inquiétudes à la maternité. Mes parents, Mireille et Richard, étaient jeunes lorsqu'ils se sont mariés en février de la même année, ma mère avait 16 ans, et mon père, 18 ans. Ma mère est originaire de Saumur, le pays des châteaux, et elle est arrivée à Fos-sur-Mer à l'âge de 16 ans. Mon père est né à Fos, rue de l'Étang.

Ma naissance prématurée m'a fait peser seulement 1,2 kg, avec une petite tête semblable à une orange et un corps de la taille d'une bouteille d'Évian. Ma grand-mère Denise a joué un rôle essentiel dans ma survie cette nuit-là à la maternité de Port-de-Bouc. Elle m'a surveillé toute la nuit pour m'empêcher de m'étouffer en me maintenant la tête en bas pour éviter que je ne suffoque.

Finalement, au petit matin, j'étais toujours en vie, malgré les inquiétudes des infirmières. Mes parents étaient soulagés d'apprendre que j'étais en vie, et je dois beaucoup à ma grand-mère Denise pour sa vigilance cette nuit-là.

En raison de ma prématurité et de l'âge jeune de ma mère, j'ai été transféré à Marseille en ambulance pour être placé en couveuse pendant trois mois à l'hôpital Saint-Joseph. Mes parents venaient me rendre visite chaque mois, me regardant à travers une vitre.

Après trois mois en couveuse, je suis rentré chez moi à Fos-sur-Mer, où mes parents habitaient au bas du château de l'Hauture, rue des Remparts. Cependant, cette situation a été de courte durée, car ma mère était trop jeune pour s'occuper d'un prématuré. Une assistance sociale est intervenue et a recommandé de me placer en foyer. Mes parents ont dû accepter cette décision, bien que cela ait été difficile pour eux.

Heureusement, ma grand-mère Denise et mon grand-père Henry se sont portés volontaires pour me garder à Marseille. Ma grand-mère a dû quitter son travail pour s'occuper de moi, et presque tous les jours, un médecin venait à la maison pour lui montrer comment prendre soin d'un prématuré. Mes parents venaient me rendre visite les week-ends, et ainsi, les années ont passé.

De l’âge de deux à cinq ans

Dès que j’ai pu marcher, je partais en promenade avec mon grand-père, passant d’agréables moments en compagnie de pépé Henry, qui arborait toujours sa casquette. Chaque jour, nous arpentions les rues de Marseille, de La Penne-sur-Huveaune à La Pomme, en passant par le quartier Air Bel et le célèbre Vieux-Port.

Un jour mémorable, nous avons décidé de visiter le parc Chanot. Je me souviens de cette sortie en compagnie de pépé Henry, de tonton Jean, d’origine italienne, d’un ami de mon grand-père, de ma grand-mère et moi-même. Au parc, mon pépé a loué une barque, et nous voilà partis pour un tour en bateau. Cependant, mon pépé s’est pris pour un gondolier de Venise, et nous nous sommes retrouvés coincés au milieu du lac. Cela a provoqué un fou rire général, et pépé a bien failli tomber à l’eau. Je me rappelle aussi qu’à l’entrée du parc Chanot, il y avait toujours un monsieur noir qui vendait des souvenirs d'Afrique. À chaque visite, je lui demandais de me rapporter un singe, un vrai, et il me répondait toujours « oui, je te rapporterai un singe ». Pourtant, au fond de moi, je savais que je n'aurais jamais ce singe.

Nos sorties avec tonton Jean et pépé Henry étaient toujours pleines d'amusement. Nous nous baladions le long de la Canebière, et au Vieux-Port, nous prenions le ferry-boat de Marius pour traverser le port. Un jour, nous sommes même montés jusqu'à Notre-Dame de la Garde, la « bonne mère », pour une aventure mémorable.

Je me rappelle une autre journée au parc, où j'ai eu une expérience mémorable au karting. J'ai pris place dans ma voiture, mais au moment d'aborder un virage, j'ai perdu le contrôle et me suis retrouvé coincé dans le grillage. La peur m'a envahi à cet instant. Parfois, lors de nos promenades sur le Vieux-Port, j'observais avec fascination ces grands bateaux au loin, prêts à partir en croisière vers les îles du Frioul et le château d'If. Nous déambulions aussi le long de la Canebière et de la rue de Rome.

Ma grand-mère Denise était une habituée du magasin aux herbes chez Père Blaise, une vieille enseigne bien connue des Marseillais. À cette époque, il existait encore le zoo de Marseille, un endroit qui avait son charme.

À la maison de ma grand-mère, Antoinette, mon arrière-grand-mère, nous jouait souvent au nain jaune et au petit cheval, des jeux de société qui nous faisaient beaucoup rire. Je me souviens d'une fois où je suis monté sur son dos, nous avons joué à « dada », mais elle a glissé et s'est retrouvée sous l'armoire. Ces souvenirs sont précieux, et je me sens un peu Marseillais grâce à eux. Je partageais de bons moments avec ma tante Danielle dans le lit, en riant de tous ces souvenirs.

Pendant les étés, nous allions à la plage de David avec ma tante Danielle et la sœur de ma maman, passant souvent du temps ensemble. Après nos journées à la plage, nous faisions toujours un arrêt pour boire quelque chose dans la petite buvette, tenue par une gentille mémé. C'est à la plage de David que j'ai appris à nager, mais j'ai eu une petite frayeur lorsque je suis tombé dans un trou. Heureusement, j'ai réussi à me débattre et à nager. Marseille était vraiment un endroit où je passais d'agréables moments. Je me souviens notamment d'une journée où nous sommes partis en bus jusqu'à la Pointe-Rouge. En rentrant le soir, nous avons raté le car, alors nous avons marché pour rentrer.

Quand j'avais quatre ans, en janvier 1966, j'ai eu une grande surprise : mes parents m'ont annoncé que j'allais avoir un petit frère. Thierry est né le 8 janvier 1966, ce qui m'a rempli de joie. Malheureusement, ma grand-mère Denise est tombée malade et n'a plus pu me garder. J'ai donc dû repartir avec mes parents et mon petit frère à Fos-sur-Mer.

Retour à Fos-sur-Mer à l'âge de cinq ans

Je suis donc arrivé à Fos, dans la rue des Remparts, au bas de l'Hauture. C'était un moment difficile pour moi, quitter ma grand-mère et mon grand-père était comme laisser derrière moi une deuxième mère. Heureusement, ils venaient me rendre visite le dimanche en car, car mon grand-père ne conduisait pas. Ainsi, me voilà installé à Fos.

De ma nouvelle rue, je pouvais contempler le Ventoux d'un côté et la mer de l'autre. Au pied de l'Hauture (en provençal, cela signifie « hauteur »), lorsque le mistral soufflait dans la rue, il apportait un froid glacial, surtout en hiver, tandis que l'été, le vent chaud du sirocco régnait en maître.

Je retrouvais mes parents et mon petit frère Thierry, qui était plus jeune que moi de quatre ans. Je me souviens que le soir, je lui racontais des histoires à partir de mon grand livre d'histoires, ce qui le rendait heureux. Bien sûr, comme tous les frères et sœurs, nous avions parfois nos disputes, mais c'était une part normale de notre relation.

À l'âge de 10 ans
Les commerçants de Fos à l'époque

Quand j'étais enfant, nous faisions nos courses à l'épicerie de Paulette et Jeff. Je me souviens d'un long couloir avec un sol carrelé de carreaux rouges. Paulette découpait le jambon avec sa machine, et l'odeur était délicieuse. Juste en face, il y avait Mémé Perez, une petite épicerie tenue par Monsieur et Madame Perez. À l'extérieur, on trouvait des cageots remplis de salades, de fruits, et de légumes. Mémé Perez était une dame très gentille, tout comme Monsieur Bouilloud Jules, qui tenait un grand magasin à Fos. Il vendait des vêtements, des accessoires de plage, un peu de tout, et même des masques. C'était un vrai bazar. Ensuite, il y avait le bar des Amis, le Bar du Commerce du Littoral, la boulangerie Mouto chez Monsieur Vanel et Barzazi, ainsi que la papeterie Guibert. J'ai de bons souvenirs de cette rue. Une fois par semaine, une fourgonnette passait et vendait toutes sortes de produits, du savon à l'huile d'olive et des vêtements. Je me souviens que les voisins achetaient de l'huile d'olive en bidon.

Nous avions la télévision à la maison. Je me souviens qu'à l'époque, pour regarder la télévision, nous devions insérer des pièces de cinq francs dans un appareil situé derrière le téléviseur. C'était à la clinique d'Istres. Lorsque la télévision tombait en panne, nous faisions appel à Monsieur Pontier. Il arrivait avec sa valise remplie de grosses ampoules pour réparer notre télévision.

Fanfare de Fos

À l'âge de huit ans, je me suis inscrit à la fanfare de Fos, où je faisais partie des musiciens jouant des « sin bals ». Nous défilions dans de nombreux villages de Provence, rythmant nos marches avec une grosse caisse et jouant des morceaux de musique de pascal. Nous portions fièrement nos uniformes composés d'un pantalon, d'une chemise blanche, d'une cravate jaune et d'une casquette. Chaque fois que je défilais dans ma ville, j'étais empli de fierté. La fanfare était magnifique, surtout avec la présence des majorettes. Mes grands-parents venaient en car depuis Marseille pour me voir jouer, et ces moments étaient précieux.

Un jour, nous avons eu l'occasion de jouer dans un village des Alpes de Haute-Provence. Je me souviens avoir cherché une cabine téléphonique pour appeler mes parents, et j'ai trouvé un téléphone qui semblait dater de 1900, avec une manivelle. C'était une expérience amusante et inhabituelle.

Nous avons passé une journée magnifique dans ce petit village, mais malheureusement, une année, lors d'une tournée en France, je n'ai pas pu participer, car je n'avais pas de carte d'identité. L'équipe a fait des bêtises là-bas, et à notre retour en France, la fanfare de Fos a été dissoute. C'était la fin d'une belle aventure musicale.

Me voici aux sin bal

Les copains

On jouait avec mes copains, notamment Éric, Luc, et Jean-Marie. C'était vraiment la belle époque, une époque où les téléphones portables n'existaient pas. On trouvait toujours quelque chose à faire, même si c'était simplement glisser sur un carton. Sur les remparts de l'Hauture, dans la rue, on jouait au ballon, et en été, la plage était notre terrain de jeu. Les jeux de cowboys et d'Indiens étaient monnaie courante, et c'était une période vraiment agréable.

Avec ma mère, nous partions à pied depuis la rue des Remparts en direction de Saint Gervais, une petite plage idéale pour les enfants. Je me souviens que nous avions pied jusqu'à environ 40 mètres du rivage, ce qui rendait la baignade sûre. Parfois, nous allions aussi à la grande plage du casino, où nous nous amusions sur les balançoires et les toboggans du petit parc payant. Ils nous tamponnaient le bras à l'entrée, et en face, au magasin de Mireille, nous achetions des glaces.

Le long de la plage, nous pouvions voir des cabanons, qui malheureusement ont aujourd'hui disparu. À la place, on trouve désormais des usines comme Sollac et Esso, qui ont certainement créé des emplois, mais au prix de la pollution. Personnellement, j'aurais aimé voir une Camargue comme celle de Saintes-Maries-de-la-Mer, une zone touristique préservée.

Mes grands-parents venaient souvent nous rendre visite à Fos, prenant les cars Comète depuis Marseille. Avec mon grand-père, nous partions pêcher des crabes dans le canal. Moi d'un côté, mon grand-père au milieu du canal avec des cuissardes, et mon oncle Lionel de l'autre côté avec une épuisette. Nous ramassions des seaux entiers de crabes. Une fois, mon grand-père a voulu ramener un seau de crabes à Marseille dans le car, mais en route, les crabes sont sortis du seau et ont commencé à se faufiler sous les fauteuils. Nous avons dû attendre que les dames se mettent à crier, ce qui a provoqué un fou rire dans le bus. De bons souvenirs ! Parfois, je gardais quelques crabes, et ma grand-mère Marie me concoctait une délicieuse soupe de crabe avec leurs petites pattes. C'était vraiment délicieux.

Nous allions également à Port-Saint-Louis pour ramasser des Clovis, des coquillages similaires aux palourdes. Nous les ramassions dans le sable et les cuisinions en sauce avec des pâtes. C’était un régal !

Mas du cavaou

À mon père Richard

Mon père est né à Fos-sur-Mer le 1er juillet 1943, dans la rue de l'Étang. Sa mère, Gallego Marie, est née à Fos-sur-Mer le 15 novembre 1920, tandis que Calixte Milioti est née à Favara en Sicile en 1918, et elle est arrivée à Fos à l'âge de cinq ans.

Mon père a eu une passion pour les chevaux depuis son plus jeune âge. Il a commencé à la Manade Bertet, au Mas du Cavaou, où il faisait des promenades pour les touristes. Cette passion l'a suivi tout au long de sa vie. Il a travaillé dans plusieurs manades, notamment Galon, Raoux, et Chapelle. Aujourd'hui encore, il continue à trier les toros et à organiser des jeux l'été pour les vacanciers, tels que les jeux des oranges et du bouquet. Il vit sa passion pleinement, notamment lors des festivités estivales dans les villages de Provence comme Fos, Saint-Rémy, et Mouriès, où l'on pratique l'abrivado. Il s'agit de lâcher des vachettes au milieu de la rue, encadrées par des gardiens à cheval, et les jeunes doivent attraper la vache pour la sortir en la tirant par la queue. Cependant, la force de la vache est parfois impressionnante, et même si les jeunes parviennent à sortir la vachette, elle peut repartir brusquement après quelques minutes. Ces événements étaient synonymes de belles journées.

Je me souviens, quand j'avais environ 7 ans, il m'arrivait de partir avec mon père en camion. Il livrait des entreprises en parpaings et en sable. Plus tard, il a travaillé à la mairie de Fos-sur-Mer en tant que chauffeur, sous le mandat du maire de l'époque, Monsieur Féraud. Les traditions telles que l'abrivado étaient ancrées dans notre vie, mais malheureusement, elles se perdent peu à peu.

Les chevaux de mon père

L'école

Ma première école maternelle était située près du monument aux morts, et oui, la cour de l'école entourait le monument, avec un coq perché en haut qui semblait nous surveiller. Mémé savait toujours qui nous gardait pendant la récréation. Par la suite, cette école a été démolie pour être reconstruite plus loin.

Plus tard, je suis allé à l'école des filles, qui avait une grande cour avec deux grands platanes. Aujourd'hui, cette école est devenue un bureau de Pôle Emploi. Ma première maîtresse était Madame Raoux, qui était également la directrice de l'école. Quand nous n'étions pas sages, le soir, nous étions punis et devions rester au coin après l'étude. Lorsque nous faisions des bêtises, Monsieur mon grand, notre professeur, n'hésitait pas à utiliser la règle sur nos doigts. Et si quelqu'un s'endormait sur son bureau, il le prenait par le bout de l'oreille et l'emmenait dehors pour lui passer la tête sous le robinet d'eau froide, ce qui avait le don de nous réveiller rapidement.

Par la suite, j'ai fréquenté la grande école à Port-de-Bouc, où j'ai étudié à Frédéric Mistral, Joliot Curie et Jean Moulin.

Hiver

J'apprécie particulièrement la saison d'hiver, surtout pendant la période de Noël. Le soir, en rentrant de l'école, il faisait déjà nuit. Je contemplais les magasins illuminés par leurs décorations de Noël. Il faut dire que dans le village, les magasins n'étaient pas nombreux. En rentrant chez moi, la nuit s'installait progressivement. La rue des Remparts était balayée par le mistral glacial, et dès que nous franchissions la porte de la maison, un accueil chaleureux nous attendait. Mon père avait allumé le poêle à mazout dans la cuisine, réchauffant l'ensemble de la maison. Notre chambre était située tout au fond du couloir, où mon frère et moi dormions. Lorsque les températures étaient particulièrement froides, mon père allumait également le chauffage à gaz à roulettes dans notre chambre. Nous avions deux petites fenêtres qui nous permettaient de regarder l'hiver depuis notre cocon chaleureux.

Noël

Ensuite venait le jour du réveillon. Le soir de Noël, mon frère Thierry et moi nous amusions dans la chambre en attendant le repas en famille. Mes grands-parents étaient venus de Marseille pour passer les fêtes avec nous. Mon grand-père s'occupait d'ouvrir les huîtres, tandis que ma mère préparait la dinde de Noël avec tous ses accompagnements. En Provence, les treize desserts sont une tradition sacrée. Nous avions également installé le sapin de Noël et la crèche provençale pour créer une ambiance festive.

Une année, nous avons décidé d'aller à la messe de minuit à l'église de l'Hauture. Mon père était monté à cheval pour défiler aux côtés des Arlésiennes avec leurs flambeaux. Après la messe, nous sommes rentrés à la maison pour un repas en famille des plus agréables. Nous étions tous réunis autour de la table, et une fois le repas terminé, mon frère et moi sommes allés au lit en hâte. Le père Noël devait passer pour nous apporter des cadeaux si nous avions été sages. Nous avions accroché nos chaussettes à la cheminée en espérant qu'elles seraient remplies de surprises le lendemain matin.

Le jour suivant, mon frère et moi nous sommes levés tôt, impatients de voir si le père Noël était passé. La joie était à son comble lorsque nous avons découvert les cadeaux sous le sapin.

Nous avons tous les deux reçu des panoplies. Moi, j'étais devenu Zorro, et mon frère était un cow-boy. Nous sommes sortis jouer dans la rue avec nos amis, ou bien nous cachions derrière les remparts de l'Hauture. Je me souviens de la roubine, un endroit où nous passions par La Roquette. Il y avait une petite roubine où nous nous amusions à sauter, même si parfois, nous tombions dans l'eau.

Cependant, quelques années plus tard, j'ai vécu une expérience marquante. Deux jours avant Noël, alors que j'étais à la banque, j'ai vu une dame devant moi avec son fils âgé de 5 ans. Ils avaient des problèmes avec la banque, car elle venait de se séparer de son mari et se retrouvait sans abri pour Noël. Cela m'a profondément attristé, surtout pour le petit garçon. À la sortie de la banque, j'ai proposé à la mère de venir passer Noël chez nous, ce à quoi elle a accepté. En arrivant chez moi, j'ai expliqué à ma femme la situation, et pour Noël, nous avions deux invités supplémentaires. Je suis allé acheter un cadeau pour le petit garçon, et je pense que cela a rendu Noël joyeux pour nous tous.

Une vague géante dans la maison

Une nuit d'hiver, alors que nous étions tous endormis, la pluie tombait abondamment, accompagnée d'orage. Mon frère et moi partagions une chambre située tout au fond d'un couloir. Soudain, un bruit assourdissant nous a réveillés.

C'était le mur de la cuisine qui s'était fissuré et avait littéralement cédé sous le poids de l'eau accumulée. Mon frère et moi avons été témoins d'une énorme vague qui a submergé notre chambre. Mon père, alerté par le vacarme, est rapidement arrivé et nous a pris tous les deux dans ses bras pour nous mettre en sécurité chez les voisins.

Nous avons passé toute la nuit chez eux, et le lendemain matin, tout le monde s'est mis au travail pour éponger l'eau. Mon père a fait appel à un maçon pour réparer le mur qui était sérieusement endommagé. Heureusement, il n'y a eu plus de peur que de mal, et la situation a été gérée avec succès.

Les beaux jours

La pétanque

Revenons à nos voisins, les Paras. C'étaient des gens charmants. Une clôture nous séparait, mais l'été, nous jouions à la pétanque ensemble. La famille Para d'un côté, et de notre côté, il y avait ma grand-mère Marie, mon père, et Jean, un ami de ma grand-mère. Nous jouions au moins neuf parties, et le perdant devait payer la pizza. C'était de bons moments de divertissement qui se prolongeaient souvent jusqu'à tard dans la nuit.

Notre maison était située dans la rue des Remparts, et derrière notre maison vivait un monsieur qui était sourd et muet. Je me rappelle que mon frère et moi jouions au ballon dans une petite pente, et le ballon atterrissait souvent dans son jardin. Comme il était sourd, je sautais par-dessus la clôture pour aller le récupérer. Je tapais à sa porte, mais il ne répondait pas. Parfois, j'entrais doucement, un peu inquiet. Quand il me voyait, il comprenait que je voulais récupérer mon ballon, mais de temps en temps, il décidait de le garder un peu.

Beau coucher de soleil sur les usines de Fos

Ma grand-mère marie

Ma grand-mère est née à Fos-sur-Mer en 1920, et elle était la treizième enfant de sa famille. Tragiquement, tous ses frères et sœurs sont décédés en Espagne de la grippe espagnole. Sur les treize enfants, seuls trois ont survécu, ma grand-mère et mes deux grands-oncles, après leur arrivée en France à la suite de la guerre en Espagne.

Ma grand-mère était une femme extraordinaire et une cuisinière talentueuse. Je me souviens de ses plats délicieux, comme l'aïoli et la bouillabaisse. J'ai souvent dormi chez elle dans un petit lit pliant dans sa chambre. Avant de se coucher, elle vérifiait les portes au moins vingt fois pour s'assurer qu'elles étaient bien fermées. Elle dormait toujours avec une petite lampe à pétrole, car elle avait peur de la nuit, surtout lorsqu'il y avait des orages.

Quand je passais la nuit chez elle, je faisais semblant de dormir, et je la voyais se lever doucement pour me couvrir, craignant que je n'attrape froid. À cette époque, elle avait rencontré Maurice, son compagnon qui était maître hôtelier et travaillait dans un restaurant sur la plage de Fos. Je me souviens qu'elle prenait soin de lui quand il était malade, utilisant d'anciens remèdes comme les petits pots de yaourt imbibés d'alcool qu'elle plaçait sur son dos comme des ventouses.

Après l'école, elle nous préparait souvent un morceau de pain avec une barre de chocolat. Ma grand-mère était une cuisinière exceptionnelle, d'origine espagnole, elle concoctait de délicieux plats espagnols ainsi que des plats provençaux comme la bouillabaisse, le couscous, la paëlla, et de petits supions à l'ail et au persil. Un jour, elle a préparé de grosses moules farcies pour quinze personnes.

Je me suis toujours intéressé à sa cuisine et j'ai beaucoup appris en la regardant cuisiner. Elle avait également un don pour soigner les coups de soleil en utilisant une poêle, une bougie, du coton, un verre d'eau et un secret bien gardé. Un jour, un voisin est venu la voir, son fils avait attrapé un coup de soleil et avait mal à la tête. Ma grand-mère a pris tout son attirail, et quelques heures plus tard, le petit se sentait mieux.

Ma grand-mère me manque énormément, comme le disait si bien Fernandel dans un film : « Une grand-mère, c'est comme le mimosa, c'est beau, c'est doux, mais c'est fragile. » Un jour, elle est partie rejoindre le paradis des grands-mères, laissant derrière elle de précieux souvenirs et un héritage culinaire inestimable.

Mon grand-père Calliste disparu en 1999

Il vivait en solitaire dans sa petite maison située dans la rue des remparts. Cependant, il s'était remarié avec une femme du nom de Marie (encore une Marie), mais cette fois d'origine grecque, originaire de Kalimnos en Grèce. Parfois, le soir, je me rendais chez mon grand-père pour regarder la télévision, passant ainsi la soirée en sa compagnie et celle de Marie.

Dans sa maison, il disposait d'une cheminée, et lors des soirées d'hiver, il aimait faire griller des châtaignes. Tous deux se parlaient en italien, et grâce à eux, j'ai appris à comprendre l'italien, une langue qui me serait utile plus tard. Mon grand-père ne voulait pas que je l'appelle « pépé », car il refusait de se sentir vieillir. À la place, nous l'appelions Calixte.

Grèce 1976

Mon grand-père m'a proposé pour Noël 1976 : « Si tu veux, je te paye le voyage et on part en Grèce. » J'étais ravi, bien que je n'aie jamais pris l'avion de ma vie. Enfin, l'aventure commençait.

Mes parents m'ont donné mon argent de poche, et voilà le jour du départ. Mon père nous a accompagnés à l'aéroport de Marignane, situé à 42 kilomètres de Fos-sur-Mer.

L'heure du départ est arrivée, et nous avons été accueillis à bord de l'avion. Je me souviens que c'était un avion avec deux moteurs à hélice, une Caravelle. Après plus de quatre heures de vol, nous avons atterri à Athènes, la capitale de la Grèce. J'ai eu le mal de l'air et j'ai vomi partout. Enfin, nous étions arrivés, et nous avons passé la première nuit à Athènes.

Le lendemain, nous avons pris un autre avion en direction de Kos, une île, puis un bateau pour atteindre Kalimnos. J'ai passé un merveilleux mois de vacances. C'était mon premier voyage aussi loin de chez moi. Kalimnos était une belle île, mais il n'y avait pas beaucoup d'arbres, un peu aride. Que de bons souvenirs !

Un jour, nous sommes allés à Vathi, un petit port de l'autre côté de l'île, une vallée d'orangers et de mandariniers. J'ai tellement mangé de mandarines que j'ai eu mal au ventre. Ensuite, je suis retourné à Kalimnos quelques années plus tard avec mes amis et la famille Panichi. C'était vraiment la belle époque, et j'ai de précieux souvenirs de la Grèce. Je dis merci à mon grand-père pour ce voyage. Il nous a quittés en 1999, suivi de ma grand-mère par alliance en 2005.

Bevon ; Sisteron

Enfin : les colonies de vacances Année 1970/1974

Ma mère travaillait pour la commune de Fos-sur-Mer, tout comme mon père. Pendant l'été, ma mère partait travailler pour la colonie à Bevon, près de Sisteron, dans les Alpes de Haute-Provence. Mon frère Thierry, étant plus jeune, y passait la nuit.

À la colonie, étant plus grand, je dormais dans les tentes en bas, à proximité du Jabron. Nous nous amusions beaucoup avec l'histoire du chevalier noir. Parfois, nous partions à pied jusqu'à Sisteron. Un jour, nous avons gravi le col de Lurs.

Nous campions, et Monsieur Pépino nous fournissait les provisions. Son épouse Maria travaillait à la cantine, et elle cuisinait délicieusement. Nous nous régalions. Nous avons passé de merveilleuses années à Bevon.

Les fêtes

Les temps passés à Fos étaient vraiment agréables, notamment lors des festivités. La fête de la Saint-Jean sur la place du marché était mémorable, célébrée en juillet et août, et en juin, il y avait la fête des carabins avec son célèbre aïoli.

La place du marché était le cœur de l'animation, avec des manèges, des petits poneys, des voitures tamponneuses et des stands proposant des délices comme les chichis, les glaces et les pommes d'amour. La chenille était une attraction incontournable, et je me souviens d'une fois où j'ai partagé ce plaisir avec ma grand-mère Marie, et nous avons ri aux éclats. La place était le théâtre de concours de boules, de bals musettes et de magnifiques feux d'artifice. Je garde de précieux souvenirs de ces fêtes à Fos, particulièrement devant le magasin Paulette.

Mémé Marie et moi nous amusions beaucoup. Elle montait même sur la chenille et se balançait à la balançoire malgré son âge. Ensuite, nous nous régalions avec de délicieux chichis ou des pommes d'amour.

Mon frère

Mon frère, deux ans plus jeune que moi, a subi une opération à cœur ouvert pour corriger un problème de l'aorte à l'hôpital nord de Marseille. Plus tard, il a eu un accident avec une scie et a failli perdre son bras. Puis, lorsqu'il était plus âgé, il a eu un accident de moto, il était vraiment intrépide.

Quant à moi, j'étais le plus calme de nous deux, du moins je le pense. Nous partagions la même chambre, et malgré nos différences, nous avions nos préférences musicales distinctes. Mon frère était un grand fan de Johnny Hallyday, tandis que moi, j'adorais Claude François.

Il y a eu un jour où nous avons eu une violente dispute, je ne me souviens plus de la raison exacte. Cela a fini en bagarre, et mon frère m'a surnommé « bouboule » à cause de ma corpulence. En retour, je l'ai appelé « frisette » en référence à ses cheveux bouclés. La dispute a atteint son paroxysme lorsque j'ai déchiré les affiches de Johnny Hallyday, provoquant la colère de mon frère. Heureusement, notre père est intervenu pour nous séparer ce jour-là.

Le soir, je racontais des histoires à mon frère, et nous redevenions complices jusqu'à la prochaine dispute. Aujourd'hui, mon frère est une véritable star à Fos-sur-Mer. On le surnomme « Johnny de Fos », car il chante et donne des concerts en interprétant les chansons de Johnny Hallyday. Il se produit souvent sur les places de Fos-sur-Mer.

1982/1983 – Mon année de service militaire à Canjuers dans le Var

En 1982, j'ai entamé mon service militaire à Draguignan, dans le Var, au camp de Canjuers, situé dans les gorges du Verdon. Le jour du départ, nous avons quitté la gare Saint-Charles à Marseille, et pour ma surprise, mon meilleur ami depuis l'école primaire, Luc, était avec moi. Nous avions grandi ensemble et avons eu la chance d'être affectés au même camp militaire.

Nous avons pris le car en direction du camp, traversant les virages des gorges du Verdon. Une fois arrivés au camp, j'ai été assigné au poste de grenadier-voltigeur. Mon service militaire s'est étendu sur trois mois de classe suivis de douze mois de service actif. Pendant les trois premiers mois, nous avons dû faire le lit impeccablement, ranger nos armoires de manière impeccable, et suivre un entraînement de marche commando.

Après avoir terminé la période de formation, j'ai été transféré au service de la cuisine et de la cantine, où j'ai passé un an à préparer des repas. J'ai achevé mon service militaire avec le grade de caporal-chef, sans avoir été condamné à une seule journée de prison.

Cependant, il y a eu une anecdote particulière lors d'une de mes permissions. J'ai manqué mon train en raison d'une alerte à la bombe dans la gare de Miramas, où j'attendais mon train pour rentrer à la caserne. J'ai finalement atteint la caserne le lendemain, et le capitaine m'a infligé une punition de trois mois de prison avec sursis.

Pendant l'été, j'ai eu l'occasion de descendre à Draguignan, où j'ai assisté au début de la carrière de Linda de Sousa en tant que chanteuse. Les soirs d'été, je partais avec mes amis à Saint-Tropez dans ma voiture, une Renault 8. Un soir, je suis allé savourer une soupe au pistou dans un petit village situé à quelques kilomètres de la caserne.

Aujourd'hui, le service militaire obligatoire pour les jeunes n'existe plus, mais je pense que cela pourrait être bénéfique pour de nombreux jeunes, même s'ils étaient tenus de le faire pendant une période plus courte, peut-être six mois.

1987 : Année de mon mariage avec Angela

Ivrea Italie

Un jour, j'ai décidé de partir en vacances en Italie, plus précisément dans le Piémont, à Ivrea. C'est là-bas que j'ai eu la chance de rencontrer Angéla, qui allait devenir ma future épouse. Angéla vivait avec ses parents, Marie et Pasqual, dans un appartement au septième étage de Bella Vista, un quartier d'Ivrea, offrant une vue magnifique sur les montagnes.

Angéla avait deux sœurs et un frère, et pendant plusieurs mois, j'ai fait la navette entre Fos et Ivrea pour la voir. Nos liens se sont renforcés au fil du temps, et en mai 1987, nous avons célébré nos fiançailles. Le 27 septembre 1987, nous nous sommes unis lors de notre mariage. Ma famille est venue de France en Italie pour l'occasion, et peu de temps après la cérémonie, ma femme, mes beaux-parents et moi sommes retournés en France, à Fos. J'ai eu le plaisir de faire découvrir la région à ma belle-famille, notamment la Provence et la Camargue.

Après ce séjour en France, nous sommes retournés en Italie, mais nous avions prévu de nous retrouver pour les fêtes de Noël en France. Malheureusement, le 19 décembre, nous avons reçu une triste nouvelle : mon beau-père est décédé d'une embolie. Cela a été un moment très difficile pour nous tous.

Naissance de ma fille Émilie

Le 2 juillet 1988 – une journée magnifique

La naissance de notre fille Émilie a été un moment mémorable. Elle pesait 4, 4 kilogrammes à sa naissance. Tout a commencé lorsque ma femme a ressenti ses premières contractions en début d'après-midi. Je me souviens que ma belle-mère m'a dit : « Patrick, il faut aller à l'hôpital. » J'ai immédiatement pris la valise qui était déjà prête, et nous nous sommes dirigés vers l'hôpital de Martigues.

Une fois sur place, ma femme a été installée dans sa chambre. Il était 14 heures, et notre merveille est venue au monde à 3 h 20 du matin, le 2 juillet 1987. Comme tous les parents, nous avons trouvé notre bébé Émilie absolument magnifique. Cependant, il y avait un vide dans notre cœur, car son grand-père, mon beau-père, nous avait malheureusement quittés neuf mois plus tôt.

Baptême de ma fille Émilie en septembre 1988

C'était un moment spécial lorsque nous avons baptisé notre beau bébé, Émilie, et toute la famille était présente pour célébrer cet événement important. En septembre, nous avons eu la cérémonie de baptême à l'église de l'Hauture à Fos-sur-Mer, et ma belle-mère était à nos côtés pour cette occasion.

Émilie était vêtue d'une magnifique robe blanche pour cette journée mémorable. Le parrain de notre fille était mon ami Luc, et la marraine était ma cousine Sandra. C'était une journée ensoleillée typique de la Provence, parfaite pour une célébration.

La cérémonie de baptême a eu lieu à l'église de l'Hauture, située au sommet du village à environ 70 mètres d'altitude. Après la cérémonie, nous nous sommes dirigés vers la salle pour le repas. J'avais préparé un grand aïoli, un plat traditionnel de notre région en Provence. Il comprenait des pommes de terre, des carottes, des choux-fleurs, des haricots verts, des œufs durs, du poisson, des moules et, bien sûr, la délicieuse sauce aïoli. J'ai utilisé mon grand mortier en bois d'olivier pour préparer la sauce, en ajoutant de la moutarde, du sel, un jaune d'œuf, de l'huile d'olive, et beaucoup d'efforts pour monter la sauce. C'était un véritable festin, et nous avons tous apprécié ce délicieux repas.

Après le repas, nous avons dansé toute l'après-midi pour célébrer cette occasion spéciale. Cependant, depuis que j'ai écrit ce livre, une triste nouvelle nous a touchés. Le parrain d'Émilie, Luc, nous a quittés brutalement à l'âge de 59 ans le 20 octobre 2021. Il était mon ami depuis mon enfance, mon compagnon d'école, mon camarade de l'armée, et il avait été mon témoin de mariage. Luc me manque beaucoup, et je n'oublierai jamais notre amitié. Au revoir, Luc, nous nous retrouverons un jour.

À Luc,

Mon ami, mon compagnon d'enfance depuis la maternelle ; Luc et moi avons partagé tant de souvenirs et d'expériences ensemble.

Nos vacances en Espagne

Ah, les vacances à Roses (prononcé « Rosas » en français) en Espagne, à seulement trois heures de route de Fos-sur-Mer ! Chaque année, ma famille, composée d'Angela, Émilie (notre fille) et moi, partons pour cette destination. Au début, nous séjournions à l'hôtel, mais avec le temps, nous avons opté pour la location d'un studio, ce qui nous offre une plus grande autonomie.

Notre studio offre une vue magnifique sur le golfe, avec la mer à perte de vue. Certaines années, mon père et sa compagne, Danielle, nous rejoignent pour une partie de notre séjour, choisissant de résider à l'hôtel pendant cette période. C'est toujours un moment de retrouvailles joyeuses en famille.

À mon grand-père pépé Henri qui nous a quittés en 1997

Hommage du Parti communiste français à Henry Quignon

Lorsqu'un ami, un camarade nous quitte après de nombreuses années passées à vivre non seulement une vie de travail, mais aussi huit décennies de militantisme dévoué, ce qui reste ne cesse de revenir à notre esprit. Nous repensons aux luttes, aux moments difficiles, mais aussi aux moments de joie et de solidarité partagée.

Henry nous laisse un héritage qui peut se résumer en un seul mot : la fidélité. Partout où il a vécu, il a toujours affirmé son engagement communiste, pendant plus de 40 ans. Avec calme et persévérance, Henry était membre de l'amicale des vétérans du Parti communiste français.

Henri et son épouse, Denise, ont souvent déménagé pour des raisons professionnelles ou familiales. Mais ici, à Fos, nous nous souvenons du jour où nous leur avons fait nos adieux lorsqu'ils ont décidé de repartir vers leur chère région des Pays de la Loire. À l'époque, nous pensions tous qu'il reviendrait bientôt, et c'est ce qui s'est passé. Nous avons été heureux de les retrouver parmi nous.

Bien sûr, avec l'âge, Henry ne pouvait plus continuer à mener les activités militantes qu'il avait déployées auparavant. Mais nous nous souvenons de ses tournées du dimanche, où avec quelques camarades, il proposait La Marseillaise et l'Humanité dans les quartiers. Quand il avait des tracts à distribuer dans les boîtes aux lettres, il prenait son paquet et les pliait à la maison, aidé par son épouse Denise. Ensuite, il partait faire sa tournée.

Et que dire de ces nombreuses années où, que ce soit à Fos, à Marseille ou ailleurs, il assumait la fonction de trésorier avec une méticuleuse précision. Tout seul, il gérait les comptes, effectuait les démarches nécessaires. Les camarades en retard de cotisation peuvent en témoigner. Cette tâche demandait de la patience et de la persévérance.

Partout où il fallait être présent, à chaque marché, à chaque manifestation, Henri était là avec son légendaire sourire. Il participait avec enthousiasme à toutes les activités du Parti communiste qu'il avait choisi, et il ne baissait jamais les bras.

Aujourd'hui, nous ne pouvons pas entrer dans tous les détails d'une vie aussi bien remplie, mais ce que nous devons dire, c'est un grand merci à cet homme. Son exemple restera gravé dans nos mémoires : un exemple de fidélité au service de la classe ouvrière et de ses organisations, un exemple de loyauté dans les discussions avant de prendre les décisions nécessaires, et parfois, un exemple de résilience dans les moments difficiles.

Henry, nous te disons merci pour tout ce que tu nous as apporté, pour tout ce que tu nous as appris. Tu resteras toujours vivant dans nos mémoires et dans le cœur de tous tes amis de Fos. À ton épouse Denise et à toute ta famille, nous exprimons aujourd'hui notre affection fraternelle.

1998

Fin décembre 1998, ma femme, notre fille Émilie, et moi-même avons entrepris un voyage en Italie pour passer le réveillon du Nouvel An en compagnie de la famille de ma femme. C'était une période joyeuse où nous nous apprêtions à célébrer ensemble.

Cependant, le lendemain du réveillon, une nouvelle désastreuse nous a frappés : notre domicile à Fos avait été cambriolé. Nous avons pris la décision de faire demi-tour immédiatement pour rentrer chez nous et constater les dégâts.

Au moment de notre départ, nous avons dit au revoir à nos proches, à ma belle-mère, à ma nièce, sans nous douter que ce serait la dernière fois que nous les verrions en vie.

24 mars 1999

Le soir du 24 mars 1999, nous étions à table avec mes parents et mon frère, en train de partager un repas en famille. À la fin du dîner, chacun est rentré chez soi, comme à l'accoutumée.

Cependant, plus tard, vers 21 h 30, ma mère m'a appelé au téléphone, inquiète. Elle m'a demandé de venir chez elle en urgence, sans préciser la raison. Ma femme et moi avons ressenti un malaise, mais nous sommes aussitôt partis rejoindre ma mère.

Une fois chez ma mère, la nouvelle est tombée, glaçante : ma belle-mère et ma nièce avaient trouvé la mort dans un tragique accident de voiture. Ma belle-mère avait 71 ans, et ma nièce seulement 24 ans. C'était un choc inimaginable pour nous tous.

Le lendemain matin, nous nous sommes rendus en Italie, accablés par le deuil qui nous touchait. Nous avons été accueillis chez mon beau-frère Luigi, dont la femme avait également été gravement blessée dans l'accident. En tout, il y avait deux blessés graves et deux personnes décédées.

Nous avons ensuite rendu visite à ma belle-sœur, qui avait perdu sa fille Helena, âgée de 24 ans, dans ce tragique accident. Quelques jours plus tard, nous avons assisté à l'enterrement de ma belle-mère et de ma nièce au petit cimetière de Lessolo, le même village où j'avais épousé ma femme 12 ans auparavant, en 1987. C'était un moment extrêmement douloureux de voir les deux cercueils côte à côte, abritant la grand-mère et sa petite-fille.

Après quelques jours, je suis retourné à Fos, laissant ma fille sous la garde de ma mère. Pendant ce temps, ma femme est restée en Italie pour soutenir sa belle-sœur et prendre soin des enfants de celle-ci, blessée lors de l'accident. Elle est restée en Italie pendant un mois, traversant cette période difficile avec courage.

2021
À ma grand-mère Denise

Ma grand-mère nous a quittés le 25 juillet 2021, marquant ainsi un grand déchirement dans ma vie. Elle était comme une deuxième mère pour moi, celle qui m'avait élevé depuis ma naissance jusqu'à l'âge de cinq ans. C'était une soirée de dimanche, aux alentours de 20 heures, que ce 25 juillet 2021, elle s'est éteinte. Quelques jours avant, elle m'avait dit : « Patrick, laissez-moi partir en paix. » Elle désirait rejoindre mon grand-père, décédé en 1997, ainsi que sa propre mère, Antoinette, qui nous avait quittés en 1980.

Chaque jour, je lui rendais visite en compagnie de ma fille Émilie. Quand elle se sentait bien, elle appréciait de déguster une petite glace ou des bonbons. Nous discutions, je lui mettais la télévision, mais je sentais qu'elle en avait assez depuis des années, alitée et désireuse de retrouver ses proches. Mamie, tu vas beaucoup me manquer.

Une semaine après ton départ, je me suis rendu aux Saintes-Maries-de-la-Mer, à l'église, pour allumer un cierge à la Vierge noire, Sainte Sara. Tu aimais tant aller là-bas. Un jour, tu m'avais confié qu'à l'église, dans la crypte, un gitan t'avait dit : « Madame, je vois que vous faites du bien autour de vous. Vous allez devenir vieille. » Il ne s'était pas trompé. Tu es parvenue à presque 96 ans, et maintenant tu as rejoint tous ceux que tu aimais au ciel. De là-haut, tu veilles sur nous, Mamie.

Tu n'auras pas eu l'occasion de lire mon livre, mais je te le dédie de tout cœur. Mamie, je t'embrasse affectueusement, je t'aime, ton petit-fils Patrick, le prématuré.

Imprimé en Allemagne
Achevé d'imprimer en novembre 2023
Dépôt légal : novembre 2023

Pour

Le Lys Bleu Éditions
40, rue du Louvre
75001 Paris

www.ingramcontent.com/pod-product-compliance
Lightning Source LLC
Chambersburg PA
CBHW062347010826
49168CB00024B/301

* 9 7 9 1 0 4 2 2 1 2 7 9 7 *